Šola - school   2
Potovanje - reis   5
Prevoz - transport   8
Mesto - stad   10
Pokrajina - landschap   14
Restavracija - restaurant   17
Supermarket - supermarkt   20
Pijače - dranken   22
Hrana - eten   23
Kmetija - boerderij   27
Hiša - huis   31
Dnevna soba - woonkamer   33
Kuhinja - keuken   35
Kopalnica - badkamer   38
Otroška soba - kinderkamer   42
Oblačilo - kleding   44
Pisarna - kantoor   49
Gospodarstvo - economie   51
Poklici - beroepen   53
Orodje - gereedschap   56
Glasbeni instrument - muziekinstrumenten   57
Živalski vrt - dierentuin   59
Šport - sport   62
Dejavnosti - activiteiten   63
Družina - familie   67
Telo - lichaam   68
Bolnišnica - ziekenhuis   72
Nujni primer - noodgeval   76
Zemlja - aarde   77
Ura - klok   79
Teden - week   80
Leto - jaar   81
Oblike - vormen   83
Barve - kleuren   84
Nasprotja - tegenstellingen   85
Števila - getallen   88
Jeziki - talen   90
Kdo / kaj / kako - wie / wat / hoe   91
Kje - waar   92

```
||| || | | |||||||| ||| ||| | ||||| ||
||| || | ||||||||||||||| | |||| || |||
         AF188438
```

Impressum
Verlag: BABADADA GmbH, Nedderfeld 112 , 22529 Hamburg
Geschäftsführer / Verlagsleitung: Harald Hof
Druck: Books on Demand GmbH, In de Tarpen 42, 22848 Norderstedt

Imprint
Publisher: BABADADA GmbH, Nedderfeld 112 , 22529 Hamburg, Germany
Managing Director / Publishing direction: Harald Hof
Print: Books on Demand GmbH, In de Tarpen 42, 22848 Norderstedt, Germany

Šola

school

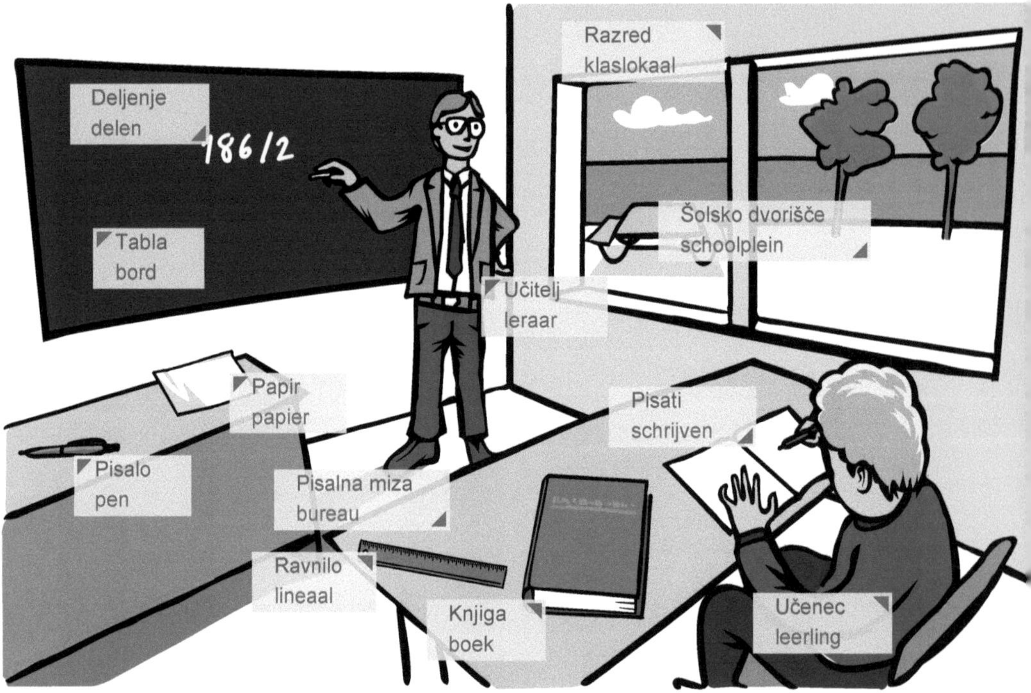
Razred
klaslokaal
Deljenje
delen
186/2
Tabla
bord
Šolsko dvorišče
schoolplein
Učitelj
leraar
Papir
papier
Pisati
schrijven
Pisalo
pen
Pisalna miza
bureau
Ravnilo
lineaal
Knjiga
boek
Učenec
leerling

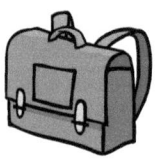

Šolska torba
schooltas

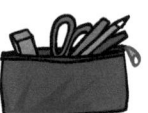

Peresnica
etui

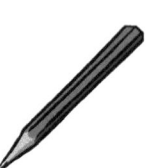

Svinčnik
potlood

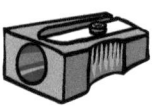

Šilček
puntenslijper

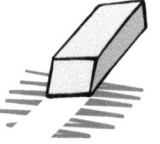

Radirka
gum

Risalni blok
schetsblok

Risba

tekening

Čopič

penseel

Vodene barvice

verfdoos

Škarje

schaar

Lepilo

lijm

Zvezek

schrift

Domača naloga

huiswerk

Število

getal

Seštevanje

optellen

Odštevanje

aftrekken

Množenje

vermenigvuldigen

Računanje

rekenen

Črka

letter

Abeceda

alfabet

Beseda

woord

Besedilo

tekst

Brati

lezen

Kreda

krijt

Učna ura

les

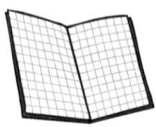

Redovalnica

klassenboek

Preizkus znanja

examen

Spričevalo

diploma

Šolska uniforma

schooluniform

Izobrazba

opleiding

Enciklopedija

encyclopedie

Univerza

universiteit

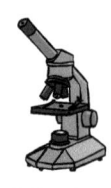

Mikroskop

microscoop

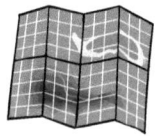

Zemljevid

kaart

Koš za smeti

prullenmand

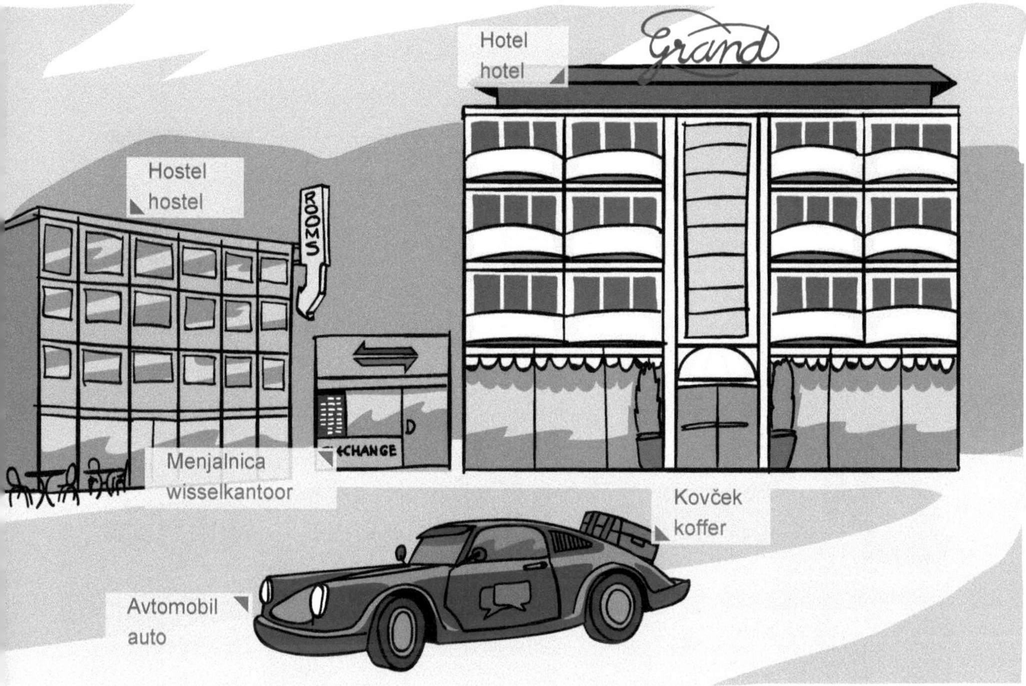

Hotel
hotel
Grand
Hostel
hostel
ROOMS
Menjalnica
wisselkantoor
EXCHANGE
Kovček
koffer
Avtomobil
auto

Jezik

taal

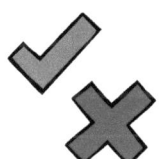

da / ne

ja / nee

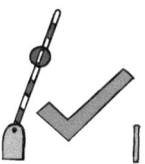

Prav

oké

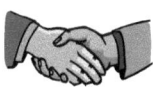

Pozdravljeni

Hallo!

Prevajalec

tolk

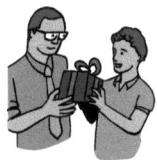

Hvala

Bedankt.

Koliko stane...?

Wat kost ...?

Ne razumem

Ik begrijp het niet.

Težava

probleem

Dober večer!

Goedenavond!

Dobro jutro!

Goedemorgen!

Lahko noč!

Goedenacht!

Nasvidenje

Tot ziens!

Smer

richting

Prtljaga

bagage

Torba

tas

Nahrbtnik

rugzak

Gost

gast

Soba

kamer

Spalna vreča

slaapzak

Šotor

tent

Turistične informacije	Plaža	Kreditna kartica
VVV-kantoor	strand	creditkaart

Zajtrk	Kosilo	Večerja
ontbijt	lunch	diner

Vozovnica	Dvigalo	Znamka
kaartje	lift	postzegel

Meja	Carina	Veleposlaništvo
grens	douane	ambassade

Vizum	Potni list
visum	paspoort

Prevoz
transport

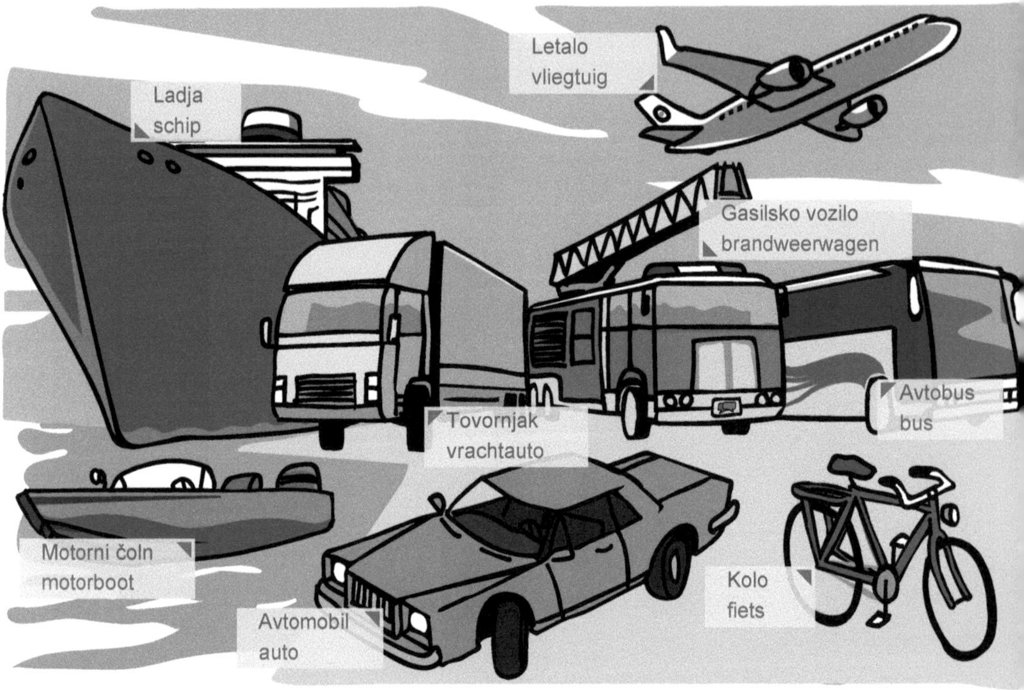

Letalo
vliegtuig

Ladja
schip

Gasilsko vozilo
brandweerwagen

Avtobus
bus

Tovornjak
vrachtauto

Motorni čoln
motorboot

Kolo
fiets

Avtomobil
auto

Trajekt
veerboot

Čoln
boot

Motorno kolo
motorfiets

Policijski avto
politiewagen

Dirkalni avto
raceauto

Najeto vozilo
huurauto

Souporaba avtomobila

carsharing

Avtovleka

takelwagen

Smetarsko vozilo

vuilniswagen

Motor

motor

Gorivo

benzine

Bencinska postaja

benzinepomp

Prometni znak

verkeersbord

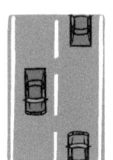

Promet

verkeer

Zastoj

file

Parkirišče

parkeerplaats

Železniška postaja

station

Tirnice

rails

Vlak

trein

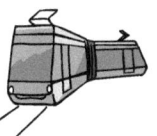

Tramvaj

tram

Vagon

wagon

Helikopter

helikopter

Letališče

luchthaven

Stolp

toren

Potnik

passagier

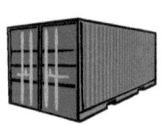

Kontejner

container

Karton

verhuisdoos

Voziček

kar

Košara

mand

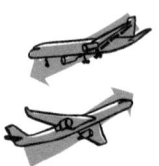

vzleteti / pristati

opstijgen / landen

Mesto

stad

Vas

dorp

Mestno jedro

stadscentrum

Hiša

huis

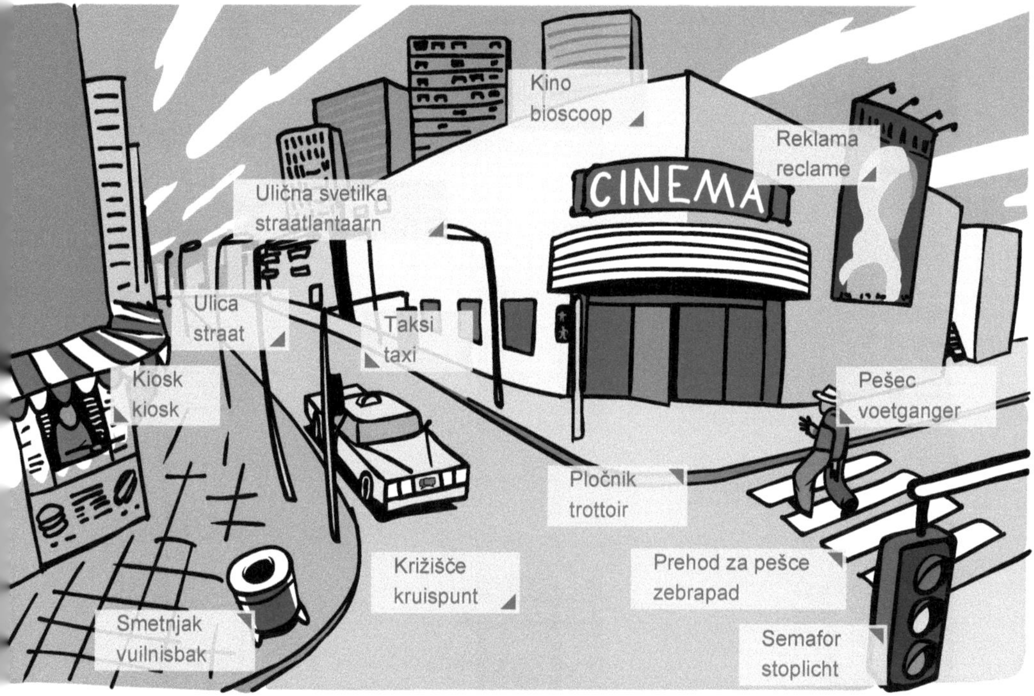

Kino
bioscoop

Reklama
reclame

Ulična svetilka
straatlantaarn

CINEMA

Ulica
straat

Taksi
taxi

Pešec
voetganger

Kiosk
kiosk

Pločnik
trottoir

Križišče
kruispunt

Prehod za pešce
zebrapad

Smetnjak
vuilnisbak

Semafor
stoplicht

Koča
hut

Stanovanje
appartement

Železniška postaja
station

Mestna hiša
stadhuis

Muzej
museum

Šola
school

Mesto - stad

Univerza

universiteit

Banka

bank

Bolnišnica

ziekenhuis

Hotel

hotel

Lekarna

apotheek

Pisarna

kantoor

Knjigarna

boekenwinkel

Trgovina

winkel

Cvetličarna

bloemenwinkel

Supermarket

supermarkt

Tržnica

markt

Veleblagovnica

warenhuis

Ribarnica

visboer

Nakupovalno središče

winkelcentrum

Pristanišče

haven

Park

park

Klop

bank

Most

brug

Stopnice

trap

Podzemna železnica

metro

Predor

tunnel

Avtobusno postajališče

bushalte

Bar

bar

Restavracija

restaurant

Poštni nabiralnik

brievenbus

Ulična tabla

straatnaambord

Parkirna ura

parkeermeter

Živalski vrt

dierentuin

Kopališče

zwembad

Mošeja

moskee

Kmetija
boerderij

Onesnaževanje
vervuiling

Pokopališče
begraafplaats

Cerkev
kerk

Otroško igrišče
speelplaats

Tempelj
tempel

Pokrajina
landschap

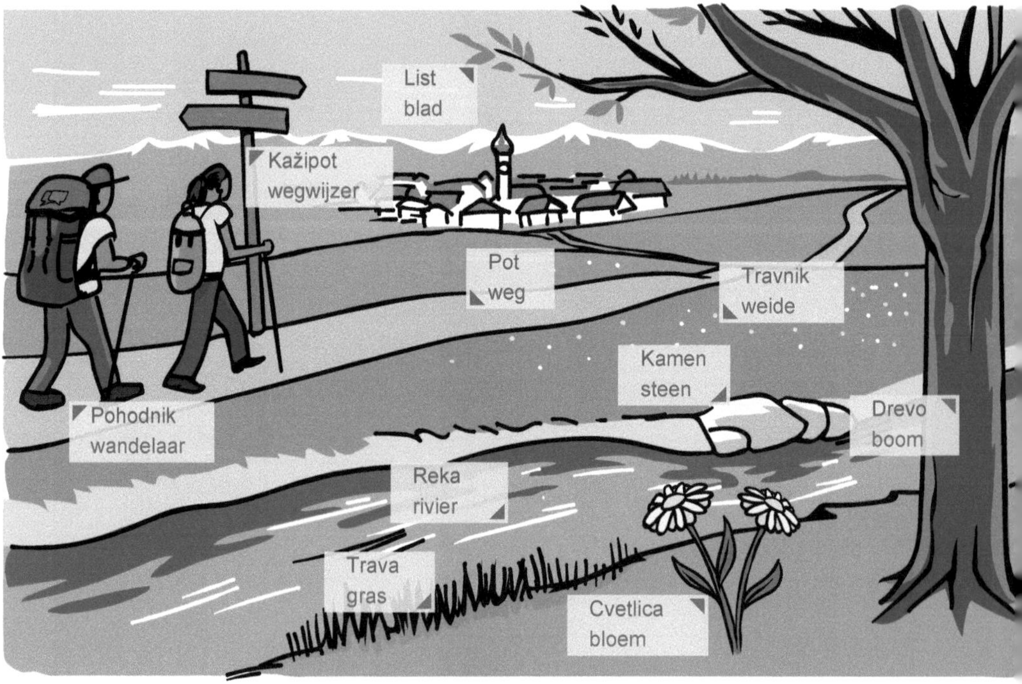

List
blad

Kažipot
wegwijzer

Pot
weg

Travnik
weide

Kamen
steen

Drevo
boom

Pohodnik
wandelaar

Reka
rivier

Trava
gras

Cvetlica
bloem

Dolina

vallei

Hrib

berg

Jezero

meer

Gozd

bos

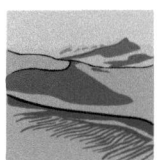

Puščava

woestijn

Vulkan

vulkaan

Grad

kasteel

Mavrica

regenboog

Goba

paddenstoel

Palma

palmboom

Komar

mug

Muha

vlieg

Mravlja

mier

Čebela

bij

Pajek

spin

Hrošč
kever

Žaba
kikker

Veverica
eekhoorn

Jež
egel

Zajec
haas

Sova
uil

Ptič
vogel

Labod
zwaan

Divji prašič
wild zwijn

Jelen
hert

Los
eland

Jez
stuwdam

Vetrnica
windmolen

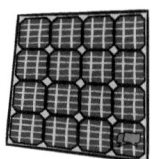

Solarna plošča
zonnepaneel

Podnebje
klimaat

Restavracija
restaurant

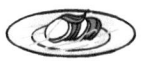

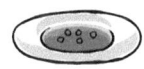

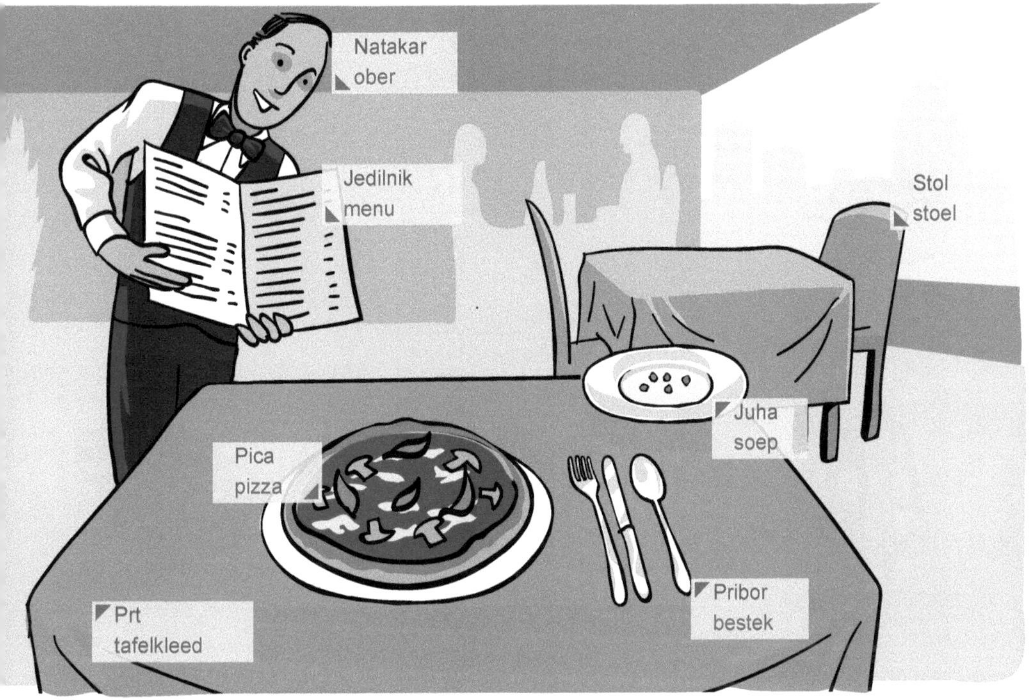

Natakar
ober
Jedilnik
menu
Stol
stoel
Juha
soep
Pica
pizza
Prt
tafelkleed
Pribor
bestek

Predjed

voorgerecht

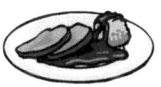

Glavna jed

hoofdgerecht

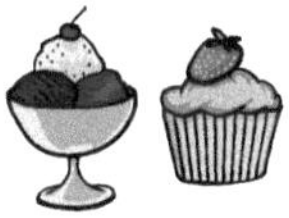

Sladica

toetje

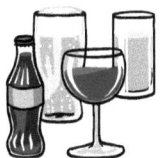

Pijače

dranken

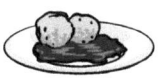

Hrana

eten

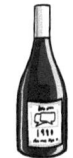

Steklenica

fles

Hitra hrana

fastfood

Ulična hrana

eetkraampje

Čajnik

theepot

Sladkornica

suikerpot

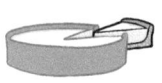

Porcija

portie

Aparat za espresso

espressomachine

Stolček za hranjenje

kinderstoel

Račun

rekening

Pladenj

dienblad

Nož

mes

Vilica

vork

Žlica

lepel

Čajna žlička

theelepel

Servieta

servet

Kozarec

glas

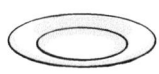

Krožnik
bord

Globoki krožnik
soepbord

Krožniček
schotel

Omaka
saus

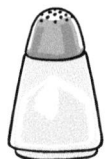

Solnica
zoutvaatje

Mlinček za poper
pepermolen

Kis
azijn

Olje
olie

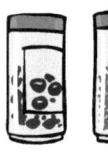

Začimbe
kruiden

Kečap
ketchup

Gorčica
mosterd

Majoneza
mayonaise

Supermarket
supermarkt

Posebna ponudba
aanbieding
FOR
Stranka
klant
Mlečni izdelki
zuivelproducten
Sadje
fruit
Nakupovalni voziček
winkelwagen

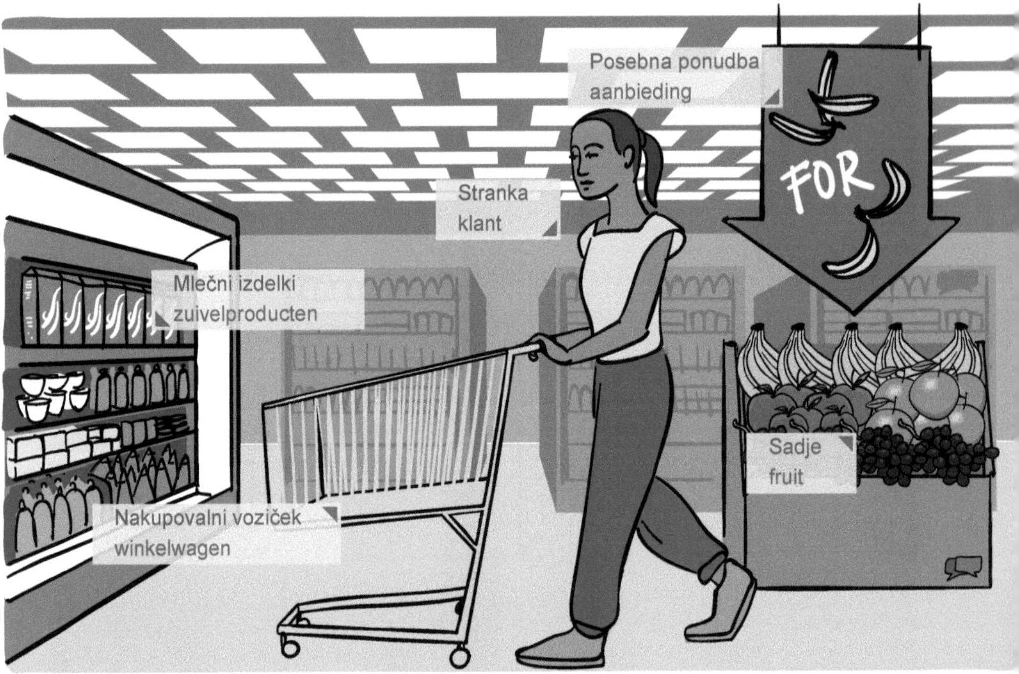

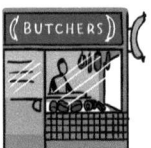

BUTCHERS

Mesnica

slager

BAKERY

Pekarna

bakkerij

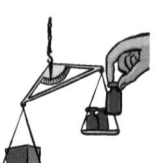

Tehtati

wegen

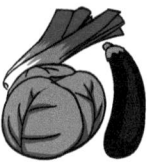

Zelenjava

groente

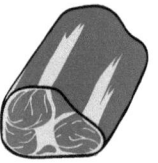

Meso

vlees

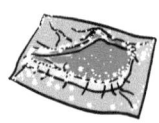

Zamrznjena hrana

diepvriesproducten

Hladne mesnine

vleeswaren

Konzerve

conserven

Pralni prašek

wasmiddel

Sladkarije

snoepgoed

Gospodinjski izdelki

huishoudelijke artikelen

Čistilno sredstvo

schoonmaakmiddel

Prodajalka

verkoopster

Blagajna

kassa

Blagajnik

kassier

Nakupovalni seznam

boodschappenlijstje

Delovni čas

openingstijden

Denarnica

portefeuille

Kreditna kartica

creditkaart

Torba

tas

Plastična vrečka

plastic zak

Voda

water

Sok

sap

Mleko

melk

Kola

cola

Vino

wijn

Pivo

bier

Alkohol

alcohol

Kakav

chocolademelk

Čaj

thee

Kava

koffie

Espresso

espresso

Kapučino

cappuccino

Banana

banaan

Jabolko

appel

Pomaranča

sinaasappel

Lubenica

watermeloen

Limona

citroen

Korenje

wortel

Česen

knoflook

Bambus

bamboe

Čebula

ui

Goba

paddenstoel

Oreščki

noten

Rezanci

pasta

Špageti

spaghetti

Riž

rijst

Solata

salade

Ocvrt krompirček

friet

Pečen krompir

gebakken aardappelen

Pica

pizza

Hamburger

hamburger

Sendvič

sandwich

Zrezek

schnitzel

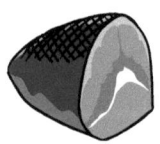

Šunka

ham

Salama

salami

Klobasa

worst

Piščanec

kip

Pečenka

gebraad

Riba

vis

Ovseni kosmiči

havermout

Musli

muesli

Koruzni kosmiči

cornflakes

Moka

meel

Rogljiček

croissant

Žemlja

broodjes

Kruh

brood

Prepečenec

toast

Piškoti

koekjes

Maslo

boter

Skuta

kwark

Torta

taart

Jajce

ei

Pečeno jajce na oko

gebakken ei

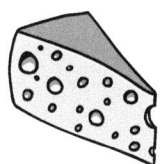

Sir

kaas

Sladoled

ijs

Sladkor

suiker

Med

honing

Marmelada

jam

Čokoladni namaz

chocoladepasta

Kari

kerrie

Kmetija
boerderij

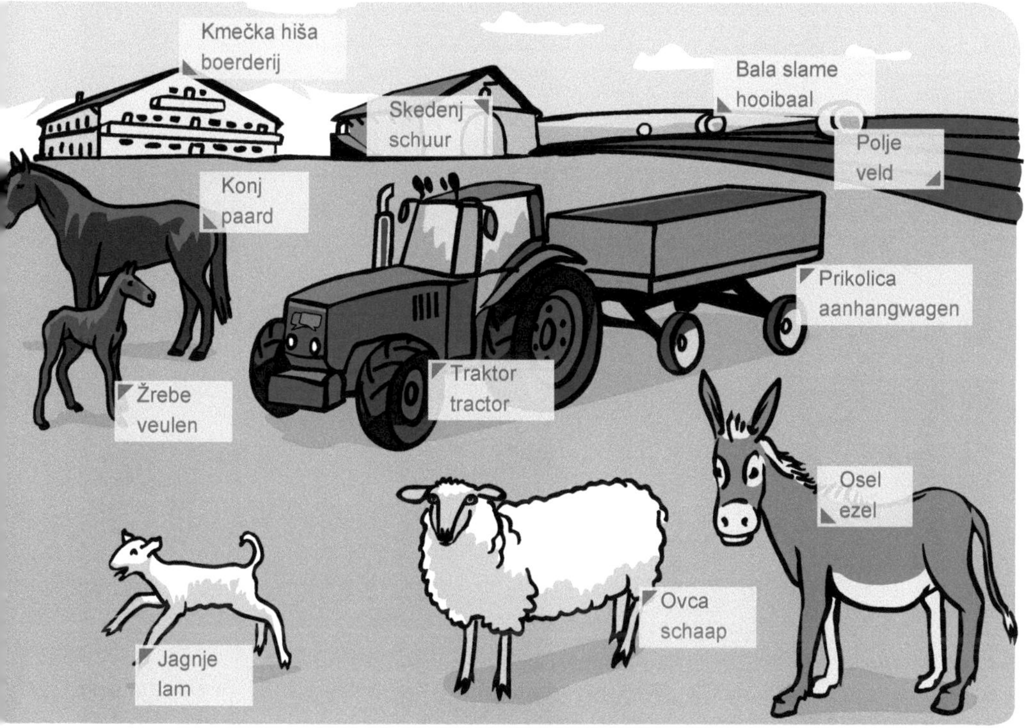
Kmečka hiša
boerderij
Skedenj
schuur
Bala slame
hooibaal
Polje
veld
Konj
paard
Prikolica
aanhangwagen
Traktor
tractor
Žrebe
veulen
Osel
ezel
Ovca
schaap
Jagnje
lam

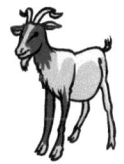

Koza
geit

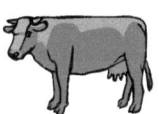

Krava
koe

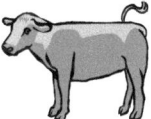

Tele
kalf

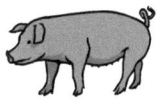

Prašič
varken

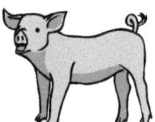

Pujsek
big

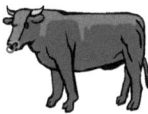

Bik
stier

Gos

gans

Raca

eend

Piščanec

kuiken

Kokoš

kip

Petelin

haan

Podgana

rat

Mačka

kat

Miš

muis

Vol

os

Pes

hond

Pasja uta

hondenhok

Cev za zalivanje

tuinslang

Kangla za zalivanje

gieter

Kosa

zeis

Plug

ploeg

28   Kmetija - boerderij

Srp

sikkel

Motika

schoffel

Vile

hooivork

Sekira

bijl

Samokolnica

kruiwagen

Korito

trog

Kangla za mleko

melkbus

Vreča

zak

Ograja

hek

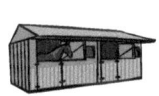

Hlev

stal

Rastlinjak

broeikas

Prst

grond

Seme

zaad

Gnojilo

mest

Kombajn

maaidorser

Kmetija - boerderij

Žeti

oogsten

Žetev

oogst

Jam

yam

Pšenica

tarwe

Soja

soja

Krompir

aardappel

Koruza

maïs

Oljna ogrščica

koolzaad

Sadno drevo

fruitboom

Maniok

maniok

Žito

granen

Hiša
huis

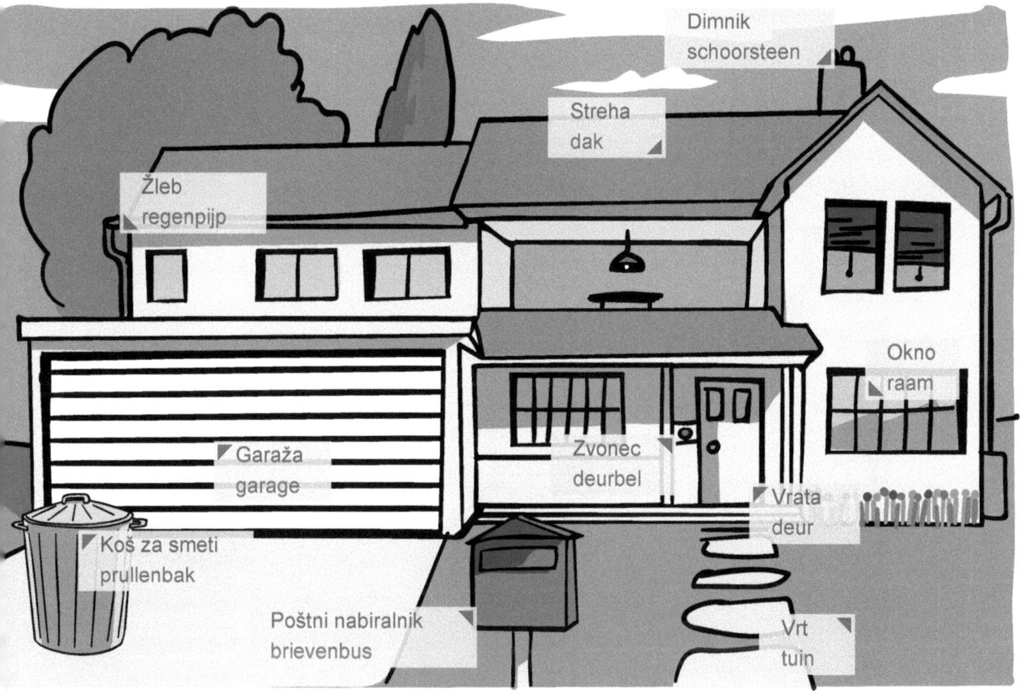
Dimnik
schoorsteen
Streha
dak
Žleb
regenpijp
Okno
raam
Garaža
garage
Zvonec
deurbel
Vrata
deur
Koš za smeti
prullenbak
Poštni nabiralnik
brievenbus
Vrt
tuin

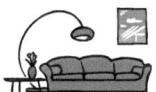

Dnevna soba

woonkamer

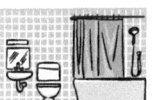

Kopalnica

badkamer

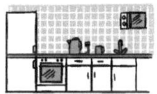

Kuhinja

keuken

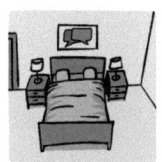

Spalnica

slaapkamer

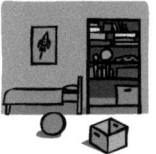

Otroška soba

kinderkamer

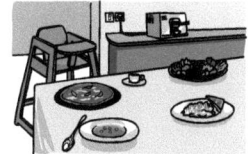

Jedilnica

eetkamer

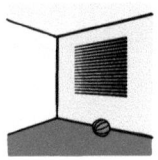

Tla

vloer

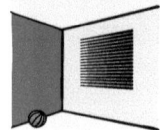

Stena

muur

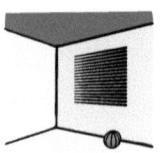

Strop

plafond

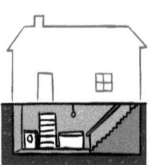

Klet

kelder

Savna

sauna

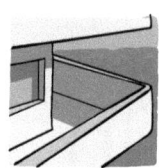

Balkon

balkon

Terasa

terras

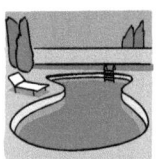

Bazen

zwembad

Kosilnica

grasmaaier

Rjuha

laken

Posteljno pregrinjalo

bedsprei

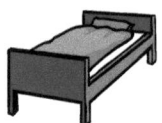

Postelja

bed

Metla

bezem

Vedro

emmer

Stikalo

schakelaar

Dnevna soba
woonkamer

Tapeta
behang
Slika
foto
Svetilka
lamp
Polica
plank
Omara
kast
Televizor
televisie
Kamin
open haard
Cvetlica
bloem
Blazina
kussen
Zofa
bankstel
Vaza
vaas
Daljinski upravljalnik
afstandsbediening

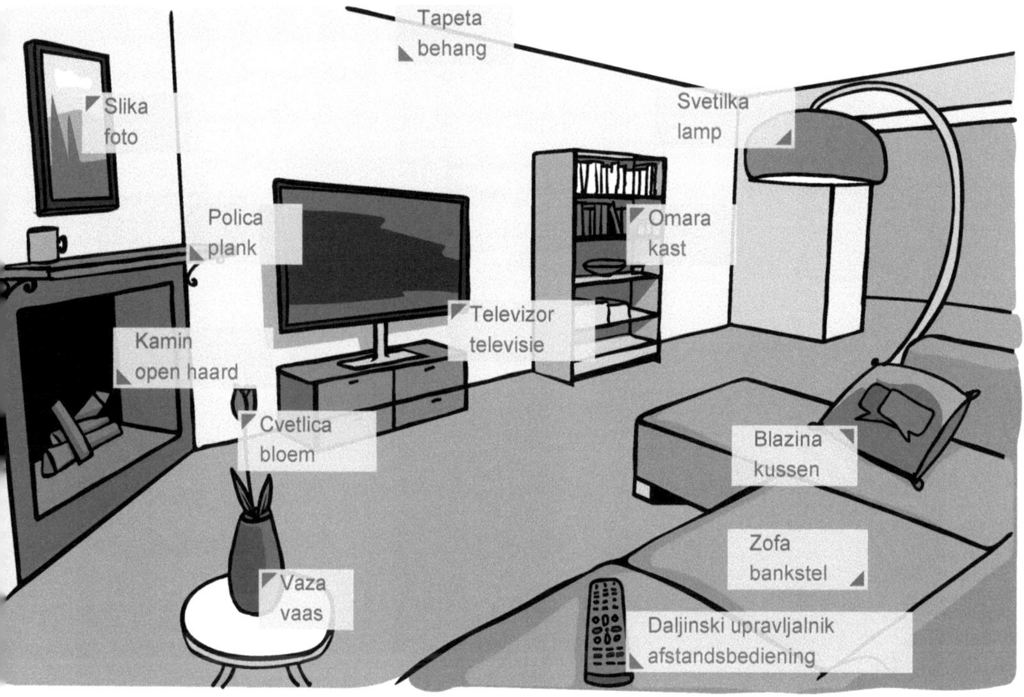

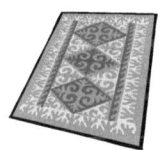

Preproga

tapijt

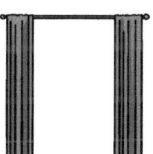

Zavesa

gordijn

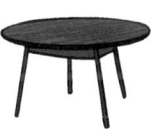

Miza

tafel

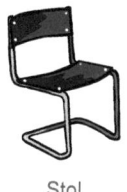

Stol

stoel

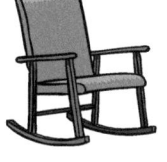

Gugalnik

schommelstoel

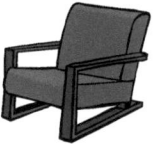

Naslanjač

stoel

Knjiga

boek

Odeja

deken

Dekoracija

decoratie

Drva

brandhout

Film

film

Glasbeni stolp

stereo-installatie

Ključ

sleutel

Časopis

krant

Slika

schilderij

Plakat

poster

Radio

radio

Beležka

kladblok

Sesalnik

stofzuiger

Kaktus

cactus

Sveča

kaars

Kuhinja
keuken

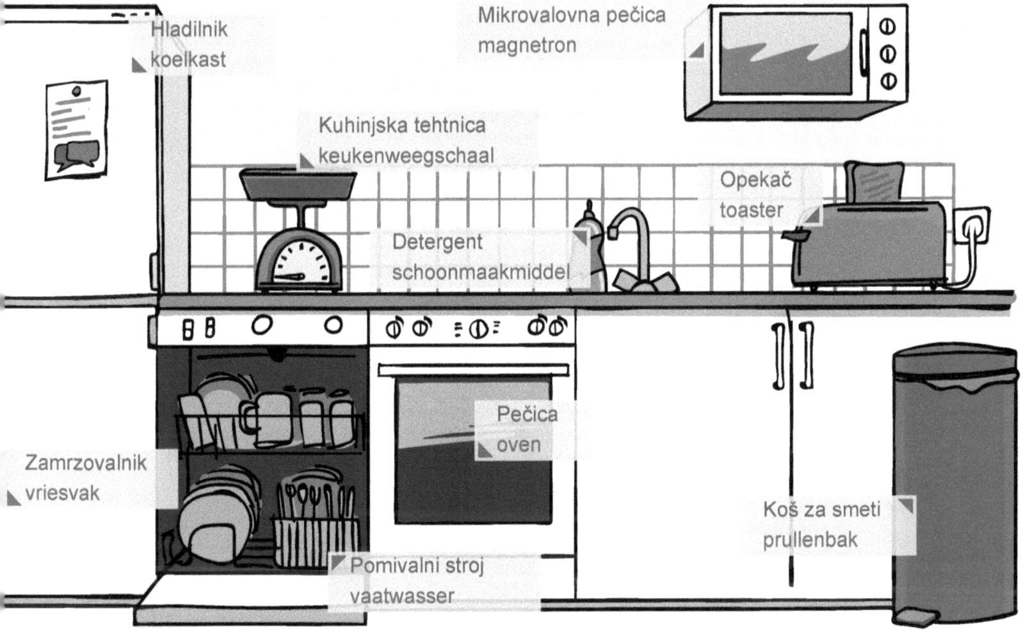

Mikrovalovna pečica
magnetron

Hladilnik
koelkast

Kuhinjska tehtnica
keukenweegschaal

Opekač
toaster

Detergent
schoonmaakmiddel

Pečica
oven

Zamrzovalnik
vriesvak

Koš za smeti
prullenbak

Pomivalni stroj
vaatwasser

Kozica
fornuis

Lonec
pan

Litoželezni lonec
gietijzeren pan

Vok / kadai
wok / kadai

Ponev
koekenpan

Kotliček
ketel

	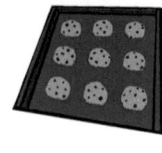	
Parni kuhalnik	Pekač	Posoda
stoomkoker	bakplaat	servies

Skodelica	Skleda	Jedilne paličice
beker	kom	eetstokjes

Zajemalka	Lopatica	Metlica
soeplepel	spatel	garde

Cedilnik	Cedilo	Strgalo
vergiet	zeef	rasp

Možnar	Žar	Ognjišče
vijzel	barbecue	vuurhaard

Deska za rezanje

snijplank

Valjar

deegroller

Odpirač za steklenice

kurkentrekker

Pločevinka

blik

Odpirač za konzerve

blikopener

Prijemalka za posodo

pannenlap

Korito

wasbak

Ščetka

borstel

Goba

spons

Mešalnik

blender

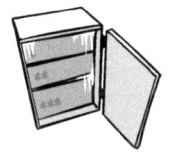

Zamrzovalna skrinja

vriezer

Steklenička

babyflesje

Pipa

kraan

Kopalnica
badkamer

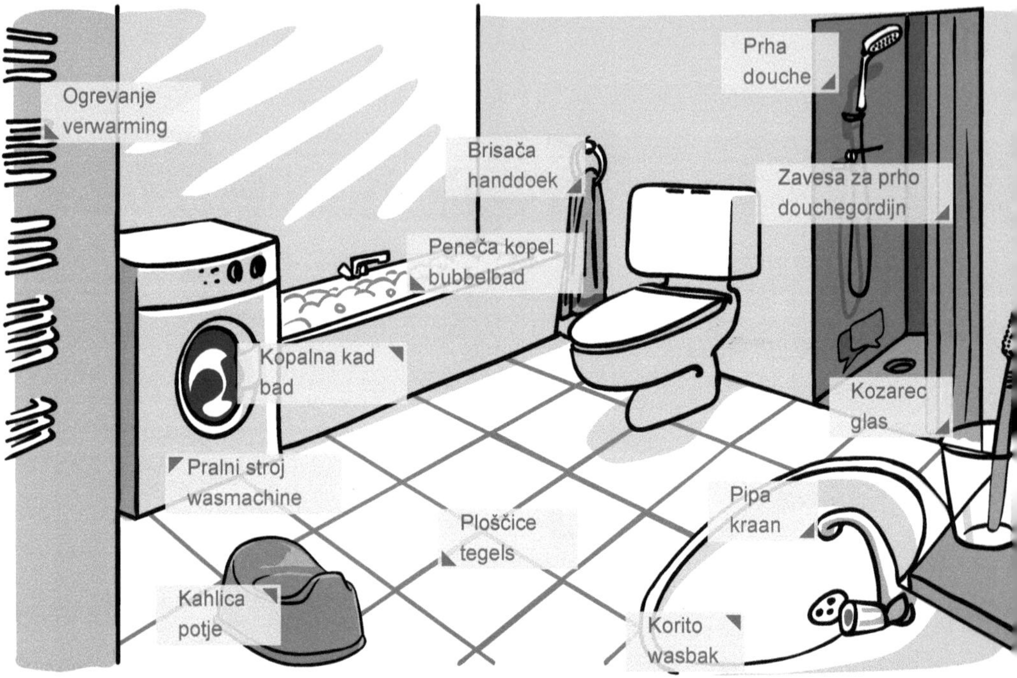

Ogrevanje
verwarming
Prha
douche
Brisača
handdoek
Zavesa za prho
douchegordijn
Peneča kopel
bubbelbad
Kopalna kad
bad
Kozarec
glas
Pralni stroj
wasmachine
Pipa
kraan
Ploščice
tegels
Kahlica
potje
Korito
wasbak

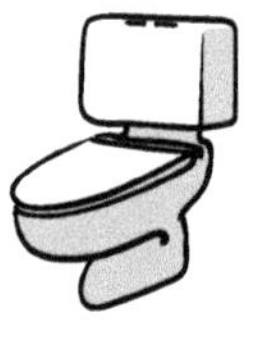

Stranišče

toilet

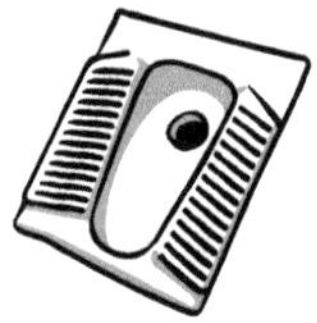

Stranišče na počep

hurktoilet

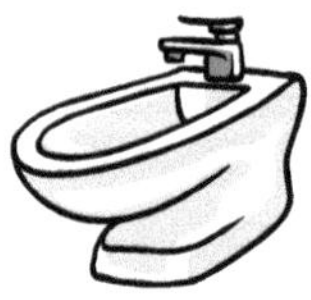

Bide

bidet

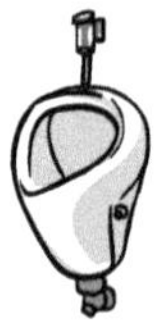

Pisoar

urinoir

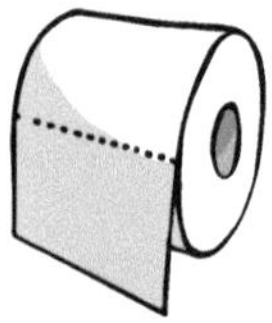

Toaletni papir

toiletpapier

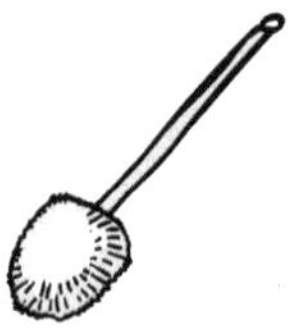

Ščetka za straniščno školjko

toiletborstel

Zobna ščetka

tandenborstel

Zobna pasta

tandpasta

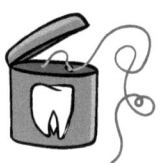

Zobna nitka

flosdraad

Umiti se

wassen

Ročna prha

handdouche

Prha za intimne dele

toiletdouche

Umivalnik

waskom

Krtača za hrbet

rugborstel

Milo

zeep

Gel za prhanje

douchegel

Šampon

shampoo

Krpica za miljenje

washanje

Odtok

afvoer

Krema

creme

Deodorant

deodorant

Ogledalo

spiegel

Ročno ogledalo

make-upspiegel

Britvica

scheermes

Pena za britje

scheerschuim

Vodica po britju

aftershave

Glavnik

kam

Ščetka

borstel

Sušilnik za lase

haardroger

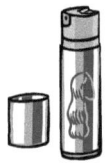

Lak za lase

haarspray

Ličila

make-up

Šminka

lippenstift

Lak za nohte

nagellak

Vatirane blazinice

watten

Škarjice za nohte

nagelschaartje

Parfum

parfum

Toaletna torbica

toilettas

Stol brez naslonjala

kruk

Osebna tehtnica

weegschaal

Kopalni plašč

badjas

Gumijaste rokavice

rubber handschoenen

Tampon

tampon

Damski vložki

maandverband

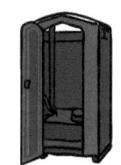

Kemično stranišče

chemisch toilet

Otroška soba
kinderkamer

Budilka
wekker
Plišasta igrača
knuffeldier
Avtomobilček
speelgoedauto
Ropotuljica
rammelaar
Hiška za punčke
poppenhuis
Darilo
cadeau

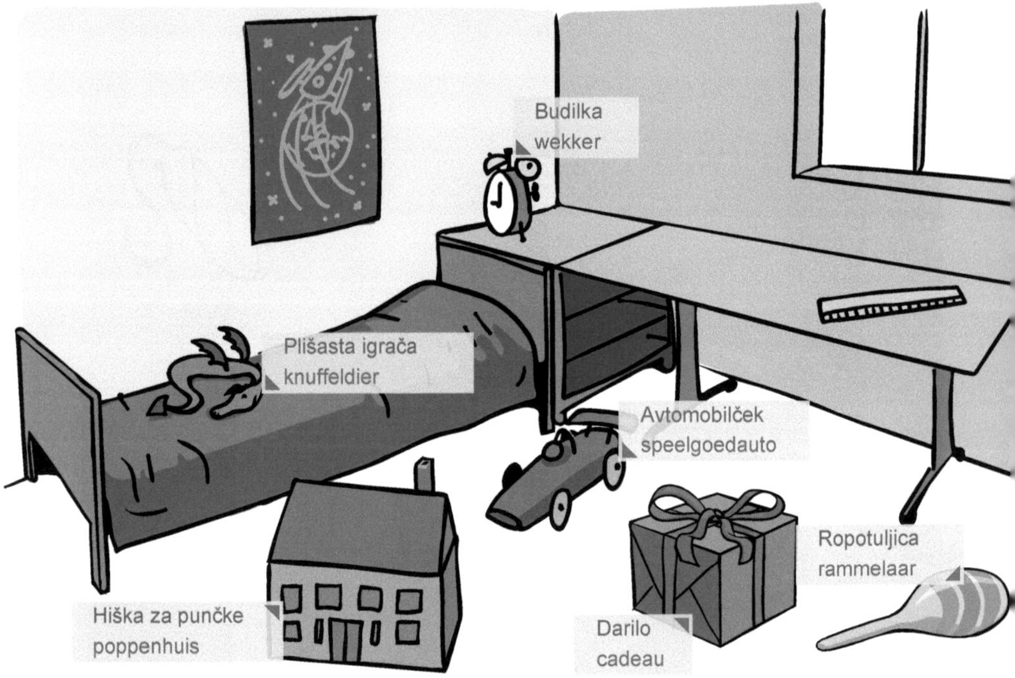

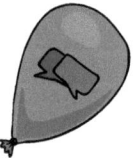

Balon

ballon

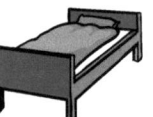

Postelja

bed

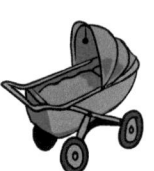

Otroški voziček

kinderwagen

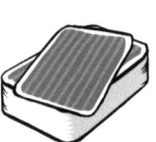

Igralne karte

kaartspel

Sestavljanka

puzzel

SUPER MEGA

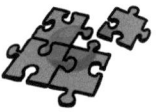

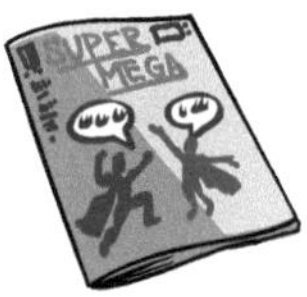

Strip

stripverhaal

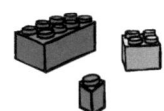

Lego kocke

legostenen

Igralne kocke

speelgoedblokken

Akcijska figura

actiefiguurtje

Bodi

romper

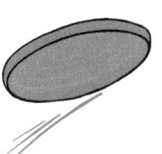

Frizbi

frisbee

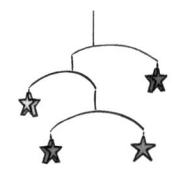

Vrtiljak za posteljico

mobile

Namizna igra

bordspel

Kocka

dobbelsteen

Komplet modelov vlakov

modeltrein

Duda

speen

Zabava

feestje

Slikanica

prentenboek

Žoga

bal

Lutka

pop

Igrati se

spelen

Peskovnik
zandbak

Gugalnica
schommel

Igrače
speelgoed

Igralna konzola
spelcomputer

Tricikel
driewieler

Plišasti medvedek
teddybeer

Garderoba
kleerkast

Oblačilo
kleding

Nogavice
sokken

Samostoječe nogavice
kousen

Hlačne nogavice
panty

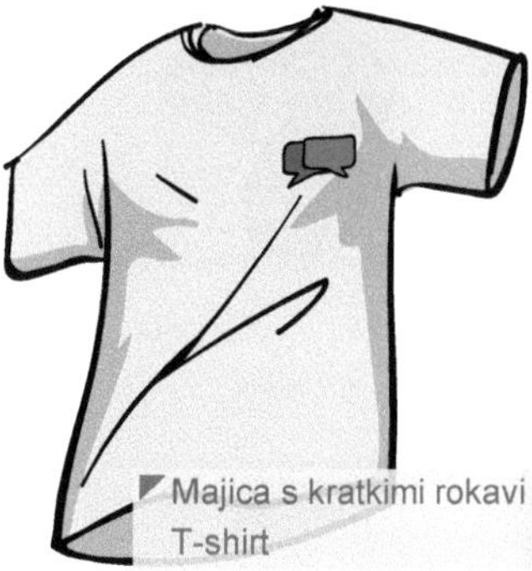

Šal
sjaal

Pas
riem

Dežnik
paraplu

Majica s kratkimi rokavi
T-shirt

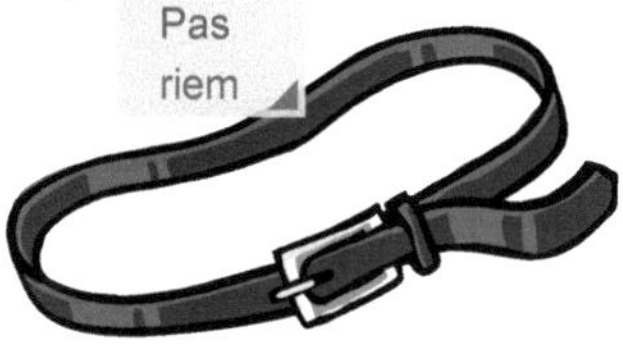

Športni copati
sportschoenen

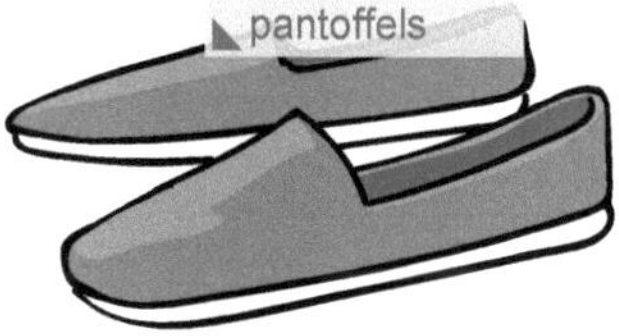

Škornji
laarzen

Copati
pantoffels

Sandali

sandalen

Čevlji

schoenen

Gumijasti škornji

rubberlaarzen

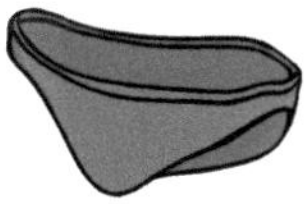

Spodnje hlače

onderbroek

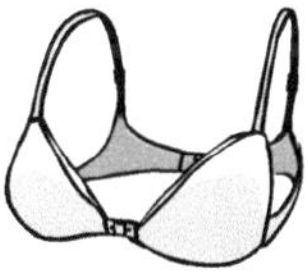

Modrček

beha

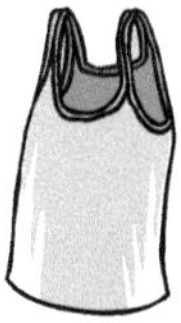

Telovnik

onderhemd

Bodi

body

Hlače

broek

Kavbojke

spijkerbroek

Krilo

rok

Bluza

blouse

Srajca

overhemd

Pulover

trui

Pletena jopica

hoody

Jopa

blazer

Jakna

jas

Plašč

mantel

Dežni plašč

regenjas

Kostim

kostuum

Obleka

jurk

Poročna obleka

trouwjurk

Obleka

pak

Spalna srajca

nachthemd

Pižama

pyjama

Sari

sari

Naglavna ruta

hoofddoek

Turban

tulband

Burka

boerka

Kaftan

kaftan

Abaja

abaja

Kopalke

zwempak

Kopalne hlače

zwembroek

Kratke hlače

korte broek

Trenirka

trainingspak

Predpasnik

schort

Rokavice

handschoenen

Gumb

knoop

Očala

bril

Zapestnica

armband

Verižica

ketting

Prstan

ring

Uhan

oorbel

Kapa

pet

Obešalnik

kledinghanger

Klobuk

hoed

Kravata

stropdas

Zadrga

rits

Čelada

helm

Naramnice

bretels

Šolska uniforma

schooluniform

Uniforma

uniform

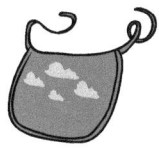

Slinček
slabbetje

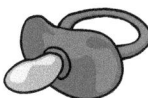

Duda
speen

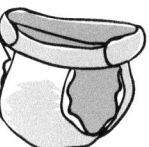

Plenica
luier

Pisarna
kantoor

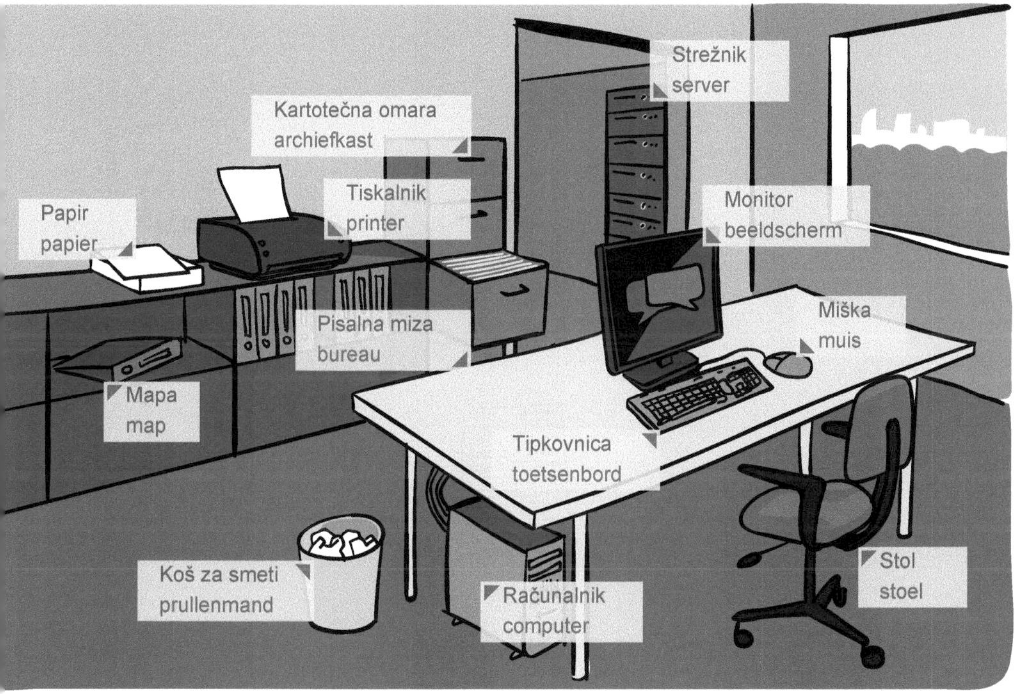
Strežnik
server
Kartotečna omara
archiefkast
Papir
papier
Tiskalnik
printer
Monitor
beeldscherm
Miška
muis
Pisalna miza
bureau
Mapa
map
Tipkovnica
toetsenbord
Koš za smeti
prullenmand
Računalnik
computer
Stol
stoel

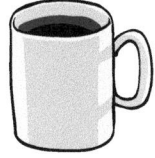

Lonček za kavo
koffiemok

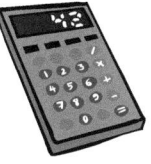

Kalkulator
rekenmachine

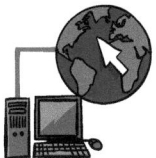

Internet
internet

Prenosnik

laptop

Pismo

brief

Sporočilo

bericht

Mobilnik

mobiele telefoon

Omrežje

netwerk

Kopirni stroj

kopieermachine

Programska oprema

software

Telefon

telefoon

Vtičnica

stopcontact

Telefaks

fax

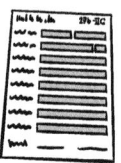

Obrazec

formulier

Dokument

document

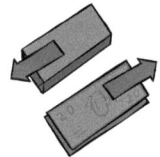

Kupiti
kopen

Plačati
betalen

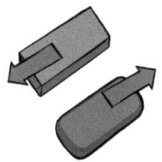

Trgovati
handel drijven

Denar
geld

Dolar
dollar

Evro
euro

Jen
yen

Rubelj
roebel

Švičarski frank
Zwitserse frank

Kitajski juan renminbi
renminbi yuan

Rupija
roepie

Bankomat
geldautomaat

Menjalnica

wisselkantoor

Zlato

goud

Srebro

zilver

Nafta

olie

Energija

energie

Cena

prijs

Pogodba

contract

Davek

belasting

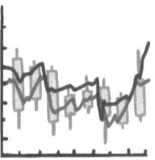

Delnice

aandeel

Delati

werken

Delojemalec

werknemer

Delodajalec

werkgever

Tovarna

fabriek

Trgovina

winkel

Policist
politieagent

Gasilec
brandweerman

Kuhar
kok

Zdravnik
dokter

Pilot
piloot

Vrtnar
....
tuinman

Mizar
....
timmerman

Šivilja
....
naaister

Sodnik
....
rechter

Kemik
....
scheikundige

Igralec
....
toneelspeler

Voznik avtobusa	Taksist	Ribič
buschauffeur	taxichauffeur	visser

Čistilka	Krovec	Natakar
schoonmaakster	dakdekker	ober

Lovec	Pleskar	Pek
jager	schilder	bakker

Električar	Gradbenik	Inženir
elektricien	bouwvakker	ingenieur

Mesar	Vodovodni inštalater	Poštar
slager	loodgieter	postbode

Vojak

soldaat

Arhitekt

architect

Blagajnik

kassier

Cvetličar

bloemist

Frizer

kapper

Sprevodnik

conducteur

Mehanik

monteur

Kapitan

kapitein

Zobozdravnik

tandarts

Znanstvenik

wetenschapper

Rabin

rabbi

Imam

imam

Menih

monnik

Duhovnik

pastoor

Orodje

gereedschap

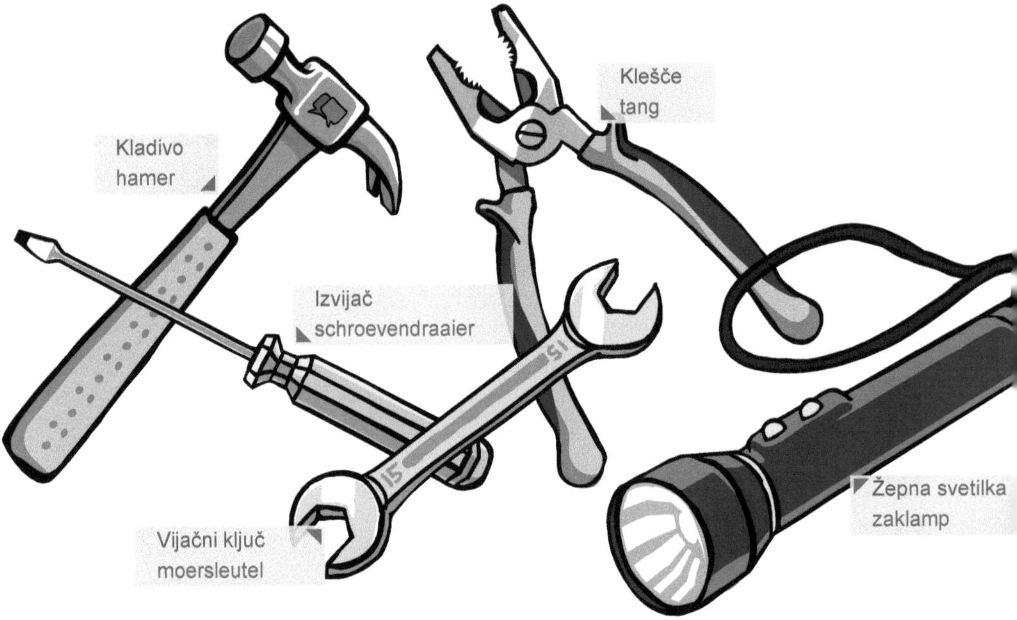

Kladivo
hamer
Klešče
tang
Izvijač
schroevendraaier
Vijačni ključ
moersleutel
Žepna svetilka
zaklamp

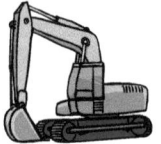

Bager

graafmachine

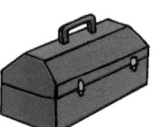

Zaboj z orodjem

gereedschapskist

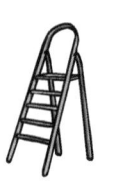

Lestev

ladder

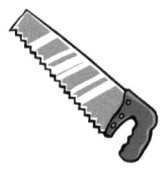

Žaga

zaag

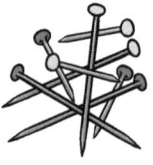

Žeblji

spijkers

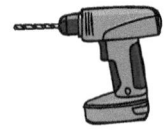

Vrtalnik

boor

Popraviti	Lopata	Šment!
repareren	schep	Verdorie!

Smetišnica	Posoda z barvo	Vijaki
stofblik	verfpot	schroeven

Glasbeni instrument
muziekinstrumenten

Tolkala
drumstel

Zvočnik
luidspreker

Kitara
gitaar

Kontrabas
contrabas

Trobenta
trompet

Klavir

piano

Violina

viool

Bas kitara

bas

Pavke

pauk

Bobni

trommel

Sintetizator

keyboard

Saksofon

saxofoon

Flavta

fluit

Mikrofon

microfoon

Živalski vrt
dierentuin

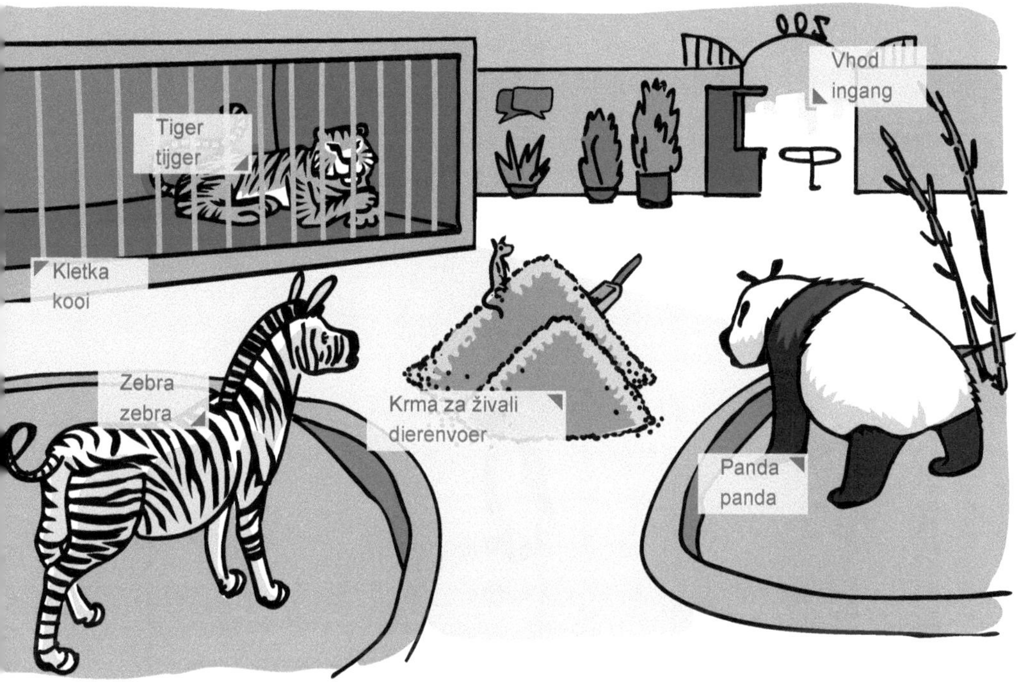
Vhod
ingang
Tiger
tijger
Kletka
kooi
Zebra
zebra
Krma za živali
dierenvoer
Panda
panda

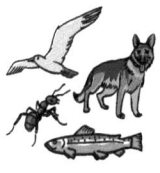

Živali
dieren

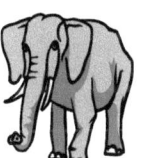

Slon
olifant

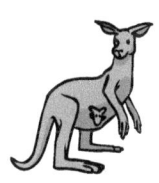

Kenguru
kangoeroe

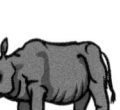

Nosorog
neushoorn

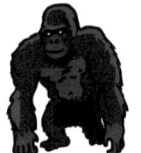

Gorila
gorilla

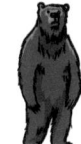

Medved
beer

Kamela

kameel

Noj

struisvogel

Lev

leeuw

Opica

aap

Plamenec

flamingo

Papagaj

papegaai

Severni medved

ijsbeer

Pingvin

pinguïn

Morski pes

haai

Pav

pauw

Kača

slang

Krokodil

krokodil

Oskrbnik v živalskem vrtu

dierenverzorger

Tjulenj

zeehond

Jaguar

jaguar

Poni
pony

Leopard
luipaard

Povodni konj
nijlpaard

Žirafa
giraffe

Orel
adelaar

Divji prašič
wild zwijn

Riba
vis

Želva
schildpad

Mrož
walrus

Lisica
vos

Gazela
gazelle

Ameriški nogomet
American football

Kolesarjenje
wielrennen

Tenis
tennis

Košarka
basketbal

Plavanje
zwemmen

Boks
boksen

Hokej
ijshockey

Nogomet

voetbal

Badminton

badminton

Atletika

atletiek

Rokomet

handbal

Smučanje

skiën

Polo

polo

Dejavnosti
activiteiten

Smejati se
lachen
Skočiti
springen
Objeti
knuffelen
Hoditi
lopen
Peti
zingen
Sanjati
dromen
Moliti
bidden
Poljubiti
kussen

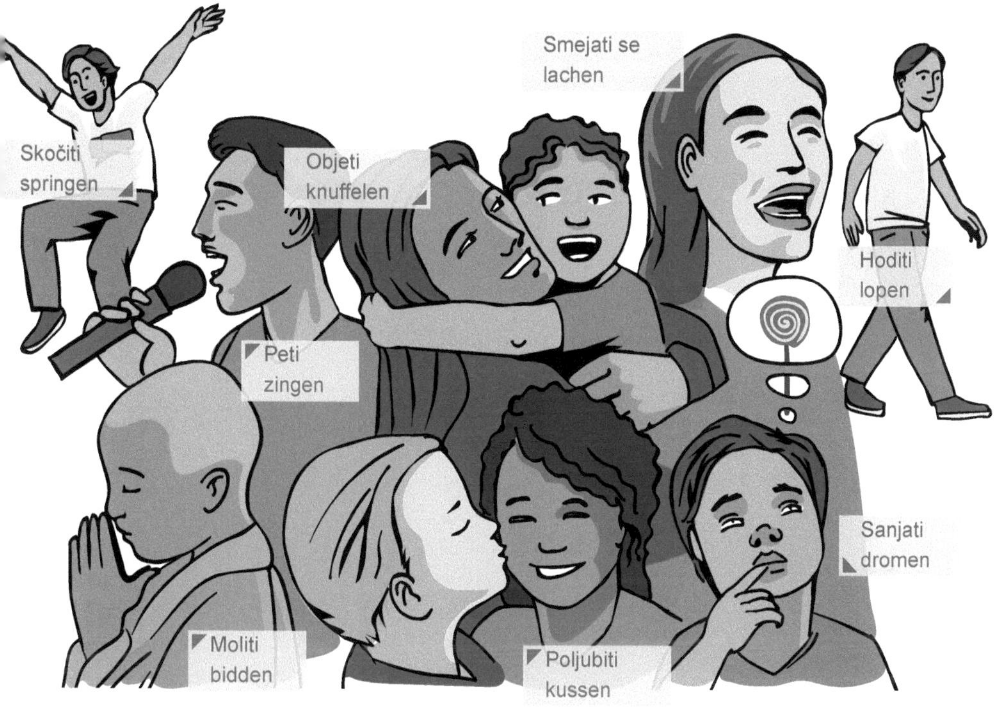

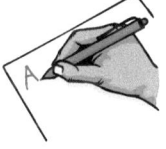

Pisati

schrijven

Risati

tekenen

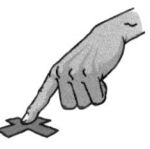

Pokazati

tonen

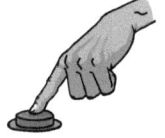

Potisniti

duwen

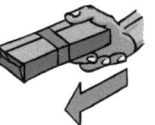

Dati

geven

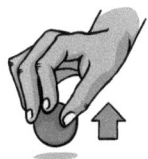

Vzeti

oppakken

Imeti

hebben

Narediti

doen

Biti

zijn

Stati

staan

Teči

rennen

Vleči

trekken

Vreči

gooien

Pasti

vallen

Ležati

liggen

Čakati

wachten

Nositi

dragen

Sedeti

zitten

Obleči se

aankleden

Spati

slapen

Zbuditi se

wakker worden

Gledati

bekijken

Jokati

huilen

Božati

strelen

Česati se

kammen

Govoriti

praten

Razumeti

begrijpen

Vprašati

vragen

Poslušati

horen

Piti

drinken

Jesti

eten

Pospraviti

opruimen

Ljubiti

houden van

Kuhati

koken

Voziti

rijden

Leteti

vliegen

Jadrati

zeilen

Računanje

rekenen

Brati

lezen

Učiti se

leren

Delati

werken

Poročiti se

trouwen

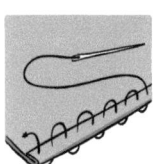

Šivati

naaien

Ščetkati si zobe

tandenpoetsen

Ubiti

doden

Kaditi

roken

Poslati

verzenden

Družina

familie

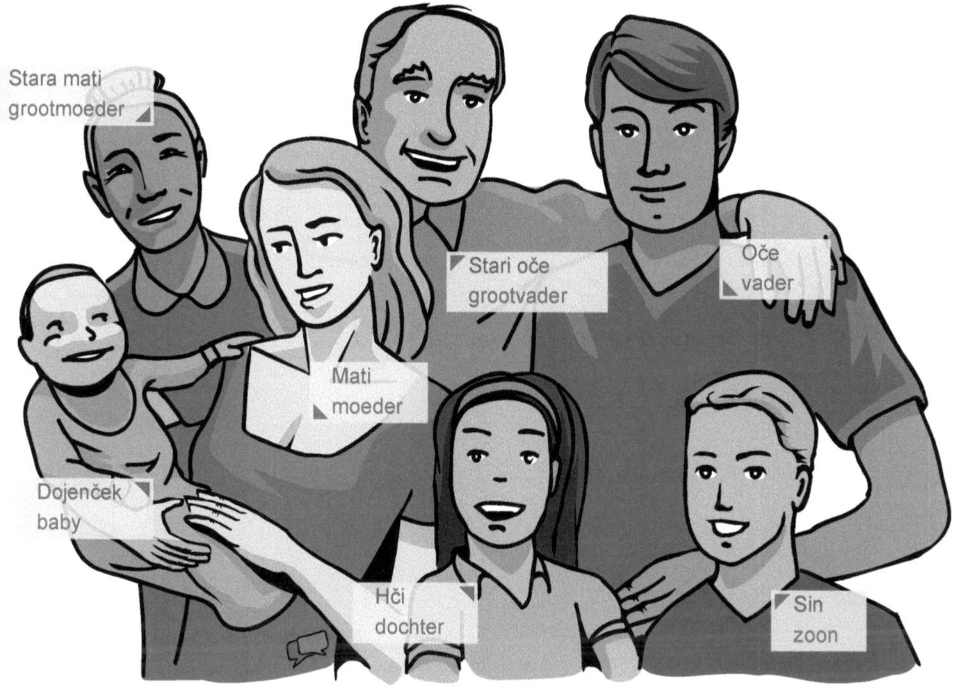

Stara mati
grootmoeder
Stari oče
grootvader
Oče
vader
Mati
moeder
Dojenček
baby
Hči
dochter
Sin
zoon

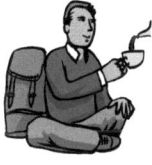

Gost

gast

Teta

tante

Stric

oom

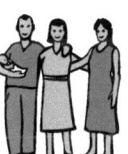

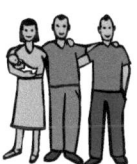

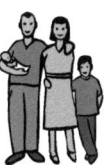

Brat

broer

Sestra

zus

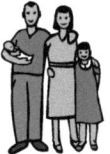

Telo

lichaam

Čelo
voorhoofd
Oko
oog
Rama
schouder
Prst
vinger
Obraz
gezicht
Brada
kin
Dlan
hand
Noga
been
Prsi
borst
Roka
arm

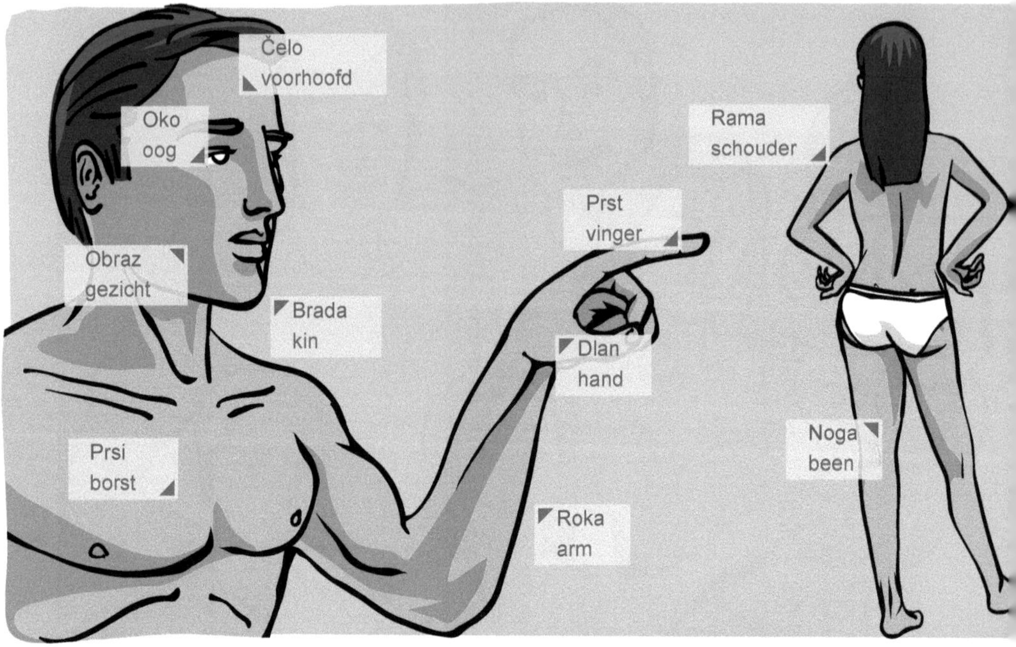

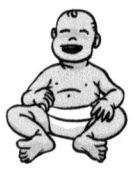

Dojenček

baby

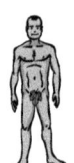

Človek

man

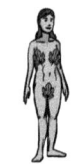

Ženska

vrouw

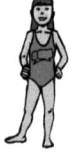

Dekle

meisje

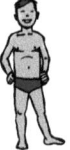

Fant

jongen

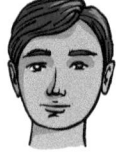

Glava

hoofd

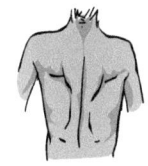

Hrbet

rug

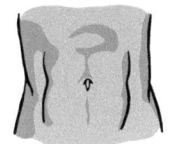

Trebuh

buik

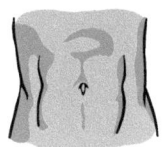

Popek

navel

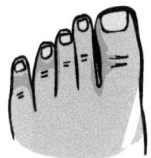

Prst na nogi

teen

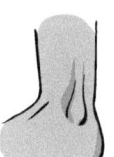

Peta

hiel

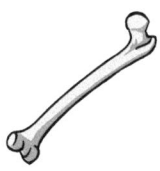

Kost

bot

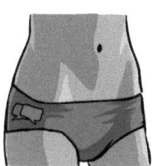

Kolk

heup

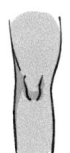

Koleno

knie

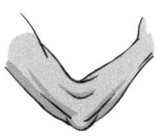

Komolec

elleboog

Nos

neus

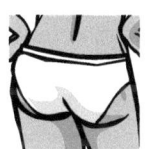

Zadnjica

achterwerk

Koža

huid

Lice

wang

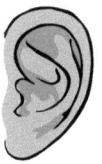

Uho

oor

Ustnica

lippen

Usta

mond

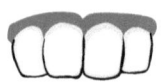

Zob

tand

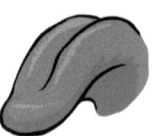

Jezik

tong

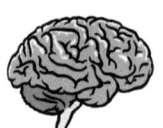

Možgani

hersenen

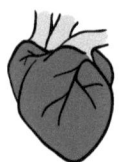

Srce

hart

Mišica

spier

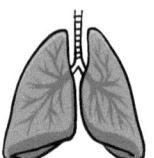

Pljuča

long

Jetra

lever

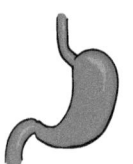

Želodec

maag

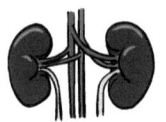

Ledvice

nieren

Spolni odnos

geslachtsgemeenschap

Kondom

condoom

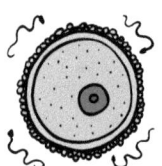

Jajčece

eicel

Semenska tekočina

sperma

Nosečnost

zwangerschap

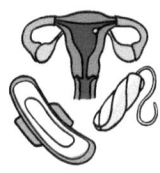

Menstruacija

menstruatie

Vagina

vagina

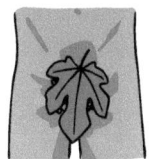

Penis

penis

Obrv

wenkbrauw

Lasje

haar

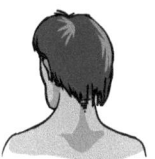

Vrat

hals

Bolnišnica
ziekenhuis

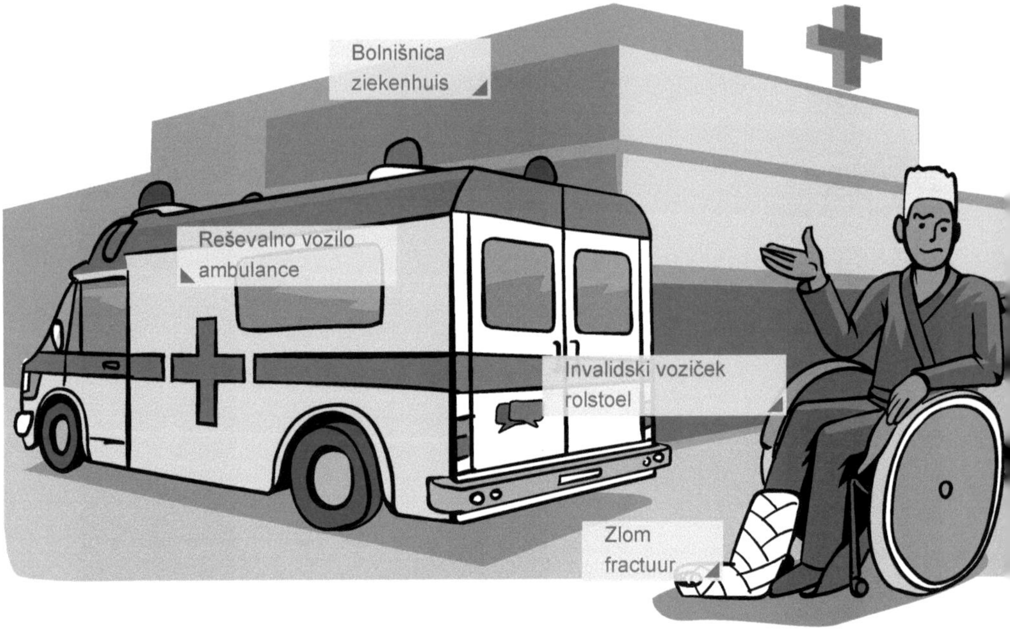

Bolnišnica
ziekenhuis
Reševalno vozilo
ambulance
Invalidski voziček
rolstoel
Zlom
fractuur

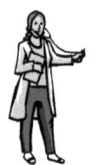

Zdravnik

dokter

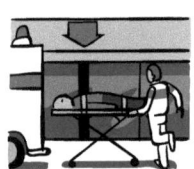

Urgenca

EHBO

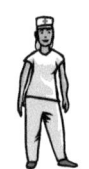

Medicinska sestra

verpleegster

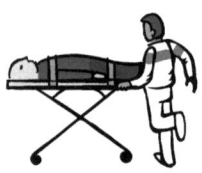

Nujni primer

noodgeval

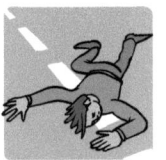

Nezavesten

bewusteloos

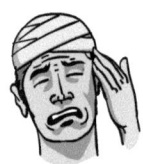

Bolečina

pijn

Poškodba

verwonding

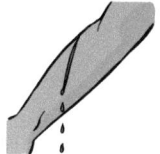

Krvavenje

bloeding

Srčni infarkt

hartaanval

Kap

beroerte

Alergija

allergie

Kašelj

hoest

Vročina

koorts

Gripa

griep

Driska

diarree

Glavobol

hoofdpijn

Rak

kanker

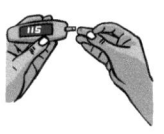

Sladkorna bolezen

diabetes

Kirurg

chirurg

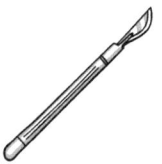

Skalpel

scalpel

Operacija

operatie

CT
CT

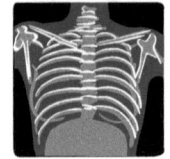

Rentgen
röntgen

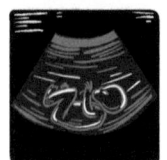

Ultrazvok
echografie

Obrazna maska
gezichtsmasker

Bolezen
ziekte

Čakalnica
wachtkamer

Bergla
kruk

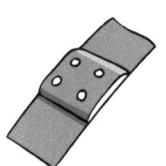

Obliž
pleister

Preveza
verband

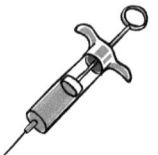

Injekcija
injectie

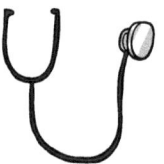

Stetoskop
stethoscoop

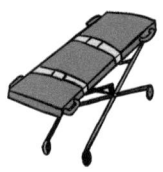

Nosila
brancard

Klinični termometer
thermometer

Porod
geboorte

Prekomerna teža
overgewicht

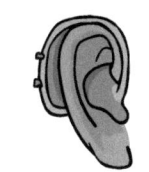

Slušni pripomoček

gehoorapparaat

Razkužilo

ontsmettingsmiddel

Okužba

infectie

Virus

virus

HIV / AIDS

HIV / AIDS

Medicina

medicijn

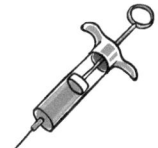

Cepljenje

inenting

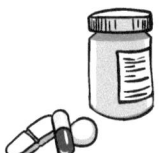

Tablete

tabletten

Tableta

pil

Klic v sili

alarmnummer

Merilnik krvnega tlaka

bloeddrukmeter

bolano / zdravo

ziek / gezond

Na pomoč!

Help!

Alarm

alarm

Napad

overval

Napad

aanval

Nevarnost

gevaar

Izhod v sili

nooduitgang

Gori!

Brand!

Gasilni aparat

brandblusser

Nezgoda

ongeluk

Komplet za prvo pomoč

EHBO-koffer

SOS

SOS

Policija

politie

Evropa

Europa

Severna Amerika

Noord-Amerika

Južna Amerika

Zuid-Amerika

Afrika

Afrika

Azija

Azië

Avstralija

Australië

Atlantski ocean

Atlantische Oceaan

Tihi ocean

Stille Oceaan

Indijski ocean

Indische Oceaan

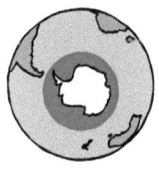

Južni ocean

Zuidelijke Oceaan

Arktični ocean

Noordelijke IJszee

Severni tečaj

Noordpool

Južni tečaj

Zuidpool

Antarktika

Antarctica

Zemlja

aarde

Kopno

land

Morje

zee

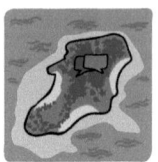

Otok

eiland

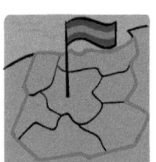

Narod

natie

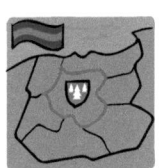

Država

staat

Številčnica

wijzerplaat

Urni kazalec

uurwijzer

Minutni kazalec

minutenwijzer

Sekundni kazalec

secondewijzer

Koliko je ura?

Hoe laat is het?

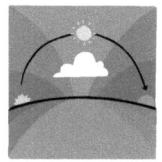

Dan

dag

Čas

tijd

Zdaj

nu

Digitalna ura

digitaal horloge

Minuta

minuut

Ura

uur

Teden
week

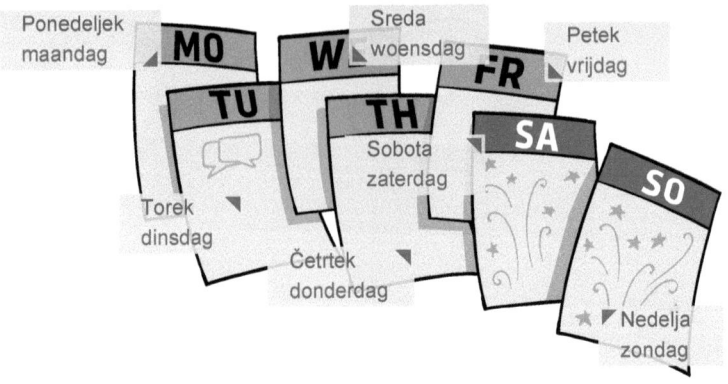

Ponedeljek
maandag
MO

Sreda
woensdag
W

Petek
vrijdag
FR

TU

TH

Torek
dinsdag

Sobota
zaterdag

SA

SO

Četrtek
donderdag

Nedelja
zondag

Včeraj
....
gisteren

Danes
....
vandaag

Jutri
....
morgen

Jutro
....
ochtend

Poldne
....
middag

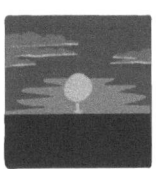

Večer
....
avond

Delovni dnevi
....
werkdagen

Konec tedna
....
weekend

Leto
jaar

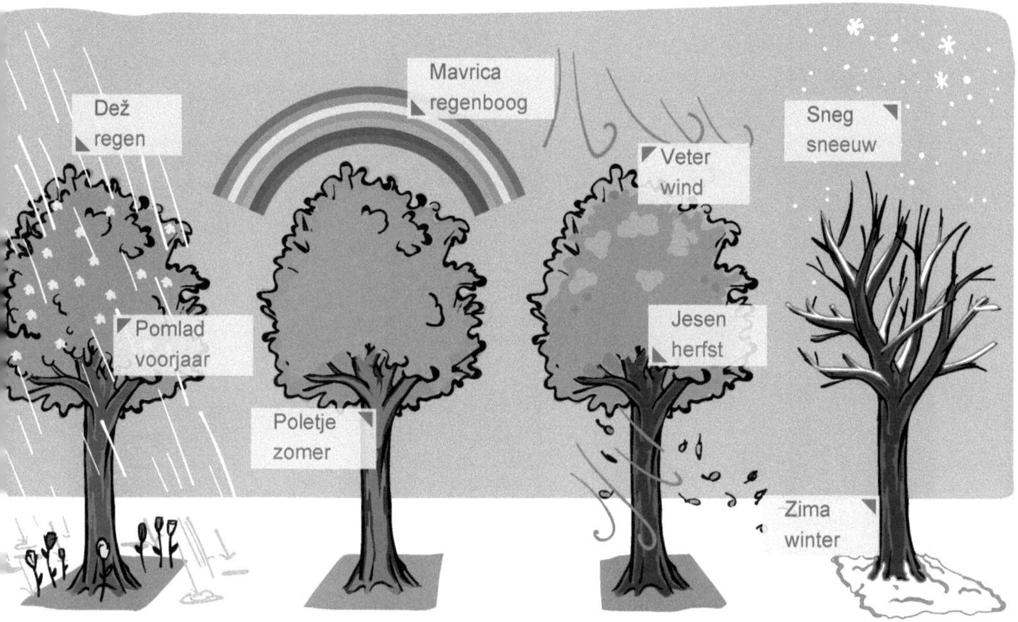
Dež
regen
Mavrica
regenboog
Veter
wind
Sneg
sneeuw
Pomlad
voorjaar
Jesen
herfst
Poletje
zomer
Zima
winter

4.APRIL 11°
5.APRIL 4°
6.APRIL 13°
7.APRIL 8°
8.APRIL 10°

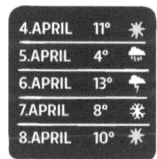

Vremenska napoved
....
weerbericht

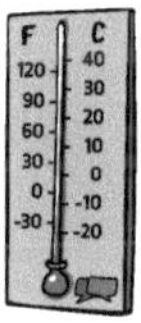
F C
120 40
90 30
60 20
30 10
0 0
-30 -10
-20

Termometer
....
thermometer

Sončna svetloba
....
zonneschijn

Oblak
....
wolk

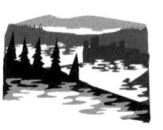

Megla
....
mist

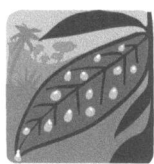

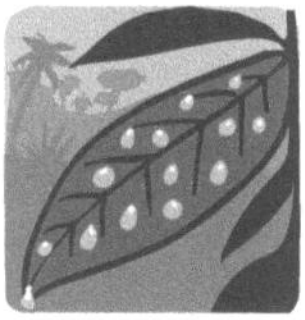

Vlažnost
....
luchtvochtigheid

Strela

bliksem

Grom

donder

Nevihta

storm

Toča

hagel

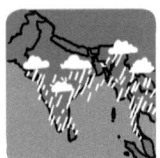

Monsun

moesson

Poplava

overstroming

Led

ijs

Januar

januari

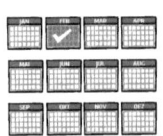

Februar

februari

Marec

maart

April

april

Maj

mei

Junij

juni

Julij

juli

Avgust

augustus

September
....
september

Oktober
....
oktober

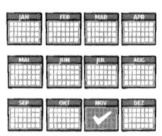

November
....
november

December
....
december

Oblike
vormen

Krogla
....
cirkel

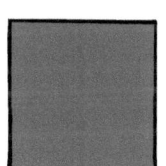

Kvadrat
....
vierkant

Pravokotnik
....
rechthoek

Trikotnik
....
driehoek

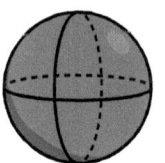

Krogla
....
bol

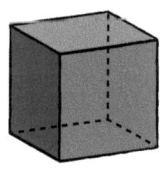

Kocka
....
kubus

Barve
kleuren

Bela

wit

Rumena

geel

Oranžna

oranje

Rožnata

roze

Rdeča

rood

Vijolična

paars

Modra

blauw

Zelena

groen

Rjava

bruin

Siva

grijs

Črna

zwart

veliko / malo
veel / weinig

jezno / umirjeno
boos / rustig

lepo / grdo
mooi / lelijk

začetek / konec
begin / einde

veliko / majhno
groot / klein

svetlo / temno
licht / donker

brat / sestra
broer / zus

čisto / umazano
schoon / vies

popolno / nepopolno
volledig / onvolledig

dan / noč
dag/ nacht

mrtvo / živo
dood / levend

široko / ozko
breed / smal

užitno / neužitno
eetbaar / oneetbaar

zlobno / prijazno
gemeen / aardig

vznemirjeno / zdolgočaseno
opgewonden / verveeld

debelo / vitko
dik / dun

prvo / zadnje
eerste / laatste

prijatelj / sovražnik
vriend / vijand

polno / prazno
vol / leeg

trdo / mehko
hard / zacht

težko / lahko
zwaar / licht

lakota / žeja
honger / dorst

bolano / zdravo
ziek / gezond

nezakonito / zakonito
illegaal / legaal

pametno / neumno
intelligent / dom

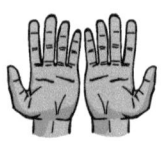

levo / desno
links / rechts

blizu / daleč
dichtbij / ver

novo / rabljeno
nieuw / gebruikt

nič / nekaj
niets / iets

staro / mlado
oud / jong

vklopljeno / izklopljeno
aan / uit

odprto / zaprto
open / gesloten

tiho / glasno
zacht / luid

bogato / revno
rijk / arm

prav / narobe
goed / fout

grobo / gladko
ruw / glad

žalostno / veselo
verdrietig / gelukkig

kratko / dolgo
kort / lang

počasi / hitro
langzaam / snel

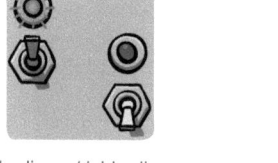

mokro / suho
nat / droog

toplo / hladno
warm / koel

vojna / mir
oorlog / vrede

0

Ničla

nul

1

Ena

één

2

Dva

twee

3

Tri

drie

4

Štiri

vier

5

Pet

vijf

6

Šest

zes

7

Sedem

zeven

8

Osem

acht

9

Devet

negen

10

Deset

tien

11

Enajst

elf

12

Dvanajst

twaalf

13

Trinajst

dertien

14

Štirinajst

veertien

15

Petnajst

vijftien

16

Šestnajst

zestien

17

Sedemnajst

zeventien

18

Osemnajst

achttien

19

Devetnajst

negentien

20

Dvajset

twintig

100

Sto

honderd

1.000

Tisoč

duizend

1.000.000

Milijon

miljoen

Angleščina

Engels

Ameriška angleščina

Amerikaans Engels

Mandarinščina

Chinees Mandarijn

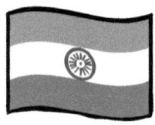

Hindujščina

Hindi

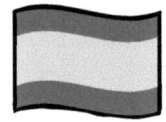

Španščina

Spaans

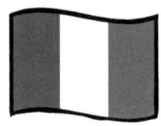

Francoščina

Frans

Arabščina

Arabisch

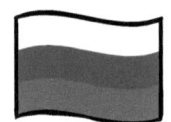

Ruščina

Russisch

Portugalščina

Portugees

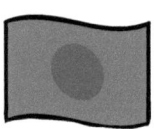

Bengalščina

Bengalees

Nemščina

Duits

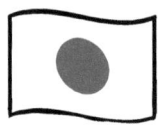

Japonščina

Japans

Jaz

ik

Ti

jij

On / ona / tisto

hij / zij / het

Mi

wij

Vi

jullie

Oni

zij

Kdo?

wie?

Kaj?

wat?

Kako?

hoe?

Kje?

waar?

Kdaj?

wanneer?

Ime

naam

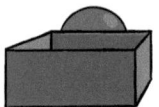

Zadaj
....
achter

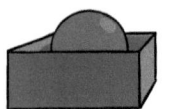

V
....
in

Pred
....
voor

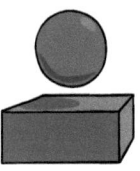

Nad
....
boven

Na
....
op

Pod
....
onder

Poleg
....
naast

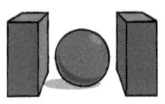

Med
....
tussen

Kraj
....
plaats